BEI GRIN MACHT SICH IHR WISSEN BEZAHLT

- Wir veröffentlichen Ihre Hausarbeit,
  Bachelor- und Masterarbeit

- Ihr eigenes eBook und Buch -
  weltweit in allen wichtigen Shops

- Verdienen Sie an jedem Verkauf

Jetzt bei www.GRIN.com hochladen und kostenlos publizieren

Strategische Unternehmensführung am Beispiel eines BGM-Dienstleisters

Analyse, Vergleich und Prognose

Maria Stahl

Bibliografische Information der Deutschen Nationalbibliothek:

Die Deutsche Nationalbibliothek verzeichnet diese Publikation in der Deutschen Nationalbibliografie; detaillierte bibliografische Daten sind im Internet über http://dnb.d-nb.de abrufbar.

ISBN: 9783346277671
Dieses Buch ist auch als E-Book erhältlich.

Druck und Bindung: Books on Demand GmbH, Norderstedt Germany
Gedruckt auf säurefreiem Papier aus verantwortungsvollen Quellen

Das vorliegende Werk wurde sorgfältig erarbeitet. Dennoch übernehmen Autoren und Verlag für die Richtigkeit von Angaben, Hinweisen, Links und Ratschlägen sowie eventuelle Druckfehler keine Haftung.

Das Buch bei GRIN: https://www.hausarbeiten.de/document/916709

Deutsche Hochschule für
Prävention und Gesundheitsmanagement
Hermann Neuberger Sportschule 3
66123 Saarbrücken

Hausarbeit (kollektive Prüfungsleistung)

Name, Vorname	Stahl, Maria
Modul	Strategische Unternehmensführung I
Studiengang	Master of Arts Prävention und Gesundheitsmanagement
Datum Präsenzphase	18.03. – 22.03.2019
Studienort	Saarbrücken
Unternehmenstyp*	**BGM-Dienstleister**

* abhängig von Aufgabenstellung: jeweils den zu bearbeitenden „Unternehmenstyp" eintragen

Inhaltsverzeichnis

1 Darstellung der Ausgangssituation

1.1 Wahl des Standortes

Die BGM-Dienstleister befindet sich in der Rostocker Innenstadt, direkt am Stadthafen. Bei der Anreise mit einem PKW können das etwa 140 Meter entfernte Parkhaus, die öffentlichen Parkplätze in der Umgebung oder anliegende Seitenstraßen genutzt werden. Der Hauptbahnhof befindet sich etwa 2,7 Kilometer von dem Standort des BGM-Dienstleisters entfernt und kann mit den öffentlichen Verkehrsmitteln, welche fußläufig eine Minute entfernt liegen, innerhalb von 15 Minuten erreicht werden. Der Hauptbahnhof bietet Anbindungen an den Regionalverkehr, Buslinien und die U- Bahnverbindung der Stadtbahn. Somit weist der Standort des Unternehmens eine sehr gute Erreichbarkeit, durch gute Anbindungen sowie die Verfügbarkeit von ausreichend Parkplätzen.

Der Standort liegt in der Stadtmitte. Hier lag im Jahre 2018 der Kaufkraftindex pro Einwohner bei 94,3 und je Haushalt bei 89,9. Somit lässt sich sagen, dass die Kaufkraft innerhalb des Standortes den höchsten Index je Haushalt erreicht und den dritten Platz bei dem Kaufkraftindex je Einwohner belegt. In den Ortsteilen Diedrichshagen, Hohe Düne und Warnemünde findet man den höchsten Kaufkraftindex je Einwohner (GfK GeoMarketing GmbH, 2018, S. 6). Jedoch liegt der ausgewählte Standort in einer Gegend, die für Büroräumlichkeiten eher bekannt ist und somit bietet die Räumlichkeit die besten Voraussetzungen für einen BGM-Dienstleister.

1.2 Beschreibung des Unternehmenstyps

Die strategischen Geschäftsfelder des BGM-Dienstleisters werden in zwei Kategorien unterteilt. Das erste Geschäftsfeld besteht aus dem Coaching und der Beratung der Mitarbeiter und Führungskräfte auf der gesundheitlichen Ebene. Das zweite Geschäftsfeld besteht aus dem Coaching und der Beratung der Mitarbeiter und Führungskräfte auf der Ebene der Unternehmensentwicklung. Die nachfolgende Tabelle eins verdeutlicht die zwei strategischen Geschäftsfelder und deren dazugehörigen Produkte und Dienstleistungen. Beide Geschäftsfelder bestehen aus dem Coaching und der Beratung. Diese beiden Tätigkeiten bestehen aus der Prozess- und Problemanalyse, Entwicklung einer strategischen Zielplanung, sowie der Evaluation. Zur Umsetzung der Zielplanung können den Unternehmen, durch eine große Vernetzung mit anderen Branchen, Alternativen angeboten werden.

Tab. 1: **Strategische Geschäftsfelder und deren Produkte und Dienstleistungen (eigene Darstellung).**

Strategisches Geschäftsfeld	Produkte und Dienstleistungen	Begründung
Gesundheits-förderung	Coaching und Beratung in den Bereichen: - Selbstmanagement - Achtsamkeit - Stressmanagement - Bewegungs- und Essgewohnheiten	Ziel ist es, durch erfolgreiche Beratung und Coaching die Gesundheit und Leistungsfähigkeit der Mitarbeiter und Führungskräfte langfristig zu erhalten oder zu verbessern. Für eine positive Geschäftsentwicklung ist die Gesundheit der Mitarbeiter ein wichtiger Faktor.
Unterneh-mensentwick-lung	Coaching und Beratung in den Bereichen: - Teamentwicklung - Entwicklung der Führungskultur - Ausbau der Führungsqualitäten - Verbesserung des Kommunikationsverhalatens und Konfliktmanagement	Gesteigerte Motivation und Leistungsbereitschaft der Mitarbeiter, sowie eine vertrauensvolle Arbeitskultur, in der sich Innovation und Kreativität entfalten können, entwickeln ein Unternehmen weiter und steigert das Erfolgspotenzial.

2 Phase der strategischen Zielplanung

2.1 Unternehmerische Vision / Mission / Grundwerte

Die nachfolgende Tabelle zwei veranschaulicht die unternehmerische Vision, Mission und die Grundwerte.

Tab. 2: Vision, Mission und Grundwerte des Unternehmens (eigene Darstellung).

Vision	Mission	Grundwerte
„Wir schaffen eine motivierte und erfolgreiche Arbeitswelt, in der sowohl die Gesundheit als auch die Unternehmensentwicklung im Fokus stehen."	„Anhand von einfachen Strategien und Prozessen schaffen wir schnell einen zielorientierten und gesunden Arbeitsalltag für jede Unter nehmens-kultur!" →USP: „Individuelles Angebot für jede Unternehmenskultur durch unser umfangreiches Netzwerk."	- Flexibilität - Vertrauen - Kompetenz - Entwicklung - Vitalität - Erfolg

Begründung der Vision:

Mit dieser Vision möchte das Unternehmen seinen gewünschten Zielzustand darstellen und somit den Gemeinschaftsgeist und die Sinnhaftigkeit bei den Mitarbeitern und Führungskräften der Arbeitswelt zu wecken.

Begründung der Mission:

Unsere Mission besteht darin, den Arbeitsalltag für jede Unternehmenskultur, nicht nur auf der gesundheitlichen Ebene zu verbessern, sondern auch auf der Team- und Führungsebene. Dies geschieht durch einfache Strategien und Prozesse, sowie alternative Angebote außerhalb der Beratung und des Coachings, durch eine große Vernetzung mit anderen Branchen.

Begründung der Grundwerte:

Flexibilität: Wir suchen jeden Tag nach neuen Herausforderungen und sind dadurch äußerst wandelbar und anpassungsfähig.

Vertrauen: Die Zusammenarbeit mit den Kunden erfolgt partnerschaftlich und stellt einen entscheidenden Faktor bei der Entwicklung individueller Konzepte und nachhaltiger Lösungen dar. Wir möchten langfristige und erfolgreiche

Geschäftsbeziehungen schaffen, die auf Vertrauen und Zuverlässigkeit basieren.

Kompetenz: Wir arbeiten ziel- und ergebnisorientiert und möchten für unsere Kunden den maximalen Nutzen erreichen. Dazu binden wir das Wissen unserer Mitarbeiter aktiv mit ein.

Entwicklung: Wir entwickeln gemeinsam Antworten auf die Herausforderungen des 21. Jahrhunderts und legen daher großen Wert darauf, auf dem neusten Wissensstand zu sein.

Vitalität: Wir vermitteln nicht nur Gesundheit, sondern verkörpern sie auch.

Erfolg: Wir kennen unsere Ziele und haben diese jeden Tag vor Augen.

2.2 Strategische Zielplanung

Die nachfolgende Tabelle drei verdeutlicht die Unternehmensziele gemäß der vorab abstrakt formulierten Unternehmensvision, -mission und den Grundwerten.

Tab. 3: Präzisierung der Unternehmensziele (eigene Darstellung).

	Unternehmensziel
1.	Aufbau des Kundenstamms (Erfolg und Vertrauen): Wir wollen unseren Kundenstamm in den nächsten vier Jahren, um mindestens 20 Kunden erweitern.
2.	Aufbau eines Interdisziplinären Teams (Kompetenz und Entwicklung): Wir stellen mindestens einen neuen Mitarbeiter in jedem Bereich innerhalb des Unternehmens (Prozess und Problemanalytiker, Berater und Coach, Vertriebler, Mitarbeiter im Kundenservice, Customer-Success-Manager, Projekt Manager, Marketing Manager, Finanz Manager, Human Resource Manager) bis zum dritten Geschäftsjahr ein.
3.	Expansion (Erfolg und Flexibilität): Wir verstärken die Marktpräsenz und eröffnen in fünf Jahren einen neuen Standort in Deutschland.
4.	Mitarbeiterzufriedenheit (Vitalität und Entwicklung): Wir möchten unsere Mitarbeiterfluktuationsquote innerhalb der ersten fünf Jahre unter zehn Prozent halten, indem den Mitarbeitern des Unternehmens mindestens alle drei Monate ein Angebot zur Weiterentwicklung zur Verfügung gestellt wird, sowie wöchentlich Teamsitzungen und/oder Mitarbeitergespräche stattfinden. Ebenso können die Mitarbeiter täglich das interne „Fit for Work" Angebot nutzen, mit verschiedenen Sport- und Entspannungsaktivitäten, welches aus den Vernetzungen der verschiedenen Branchen entstanden ist.

2.3 Branchenvergleich

Tab. 4: Branchenvergleich (eigene Darstellung).

	B·A·D Gesundheitsvorsorge und Sicherheitstechnik GmbH	dk – Doris Kleinfeldt Beratung & Coaching
Vision	„Wir wollen als führende, unabhängige Dienstleistungsgruppe der bevorzugte Partner für hochwertige, innovative und nutzbringende Dienstleistungen im Arbeitsschutz und der Gesundheitsvorsorge sein. Dabei tragen wir als "Gesunde Organisation" maßgeblich dazu bei, Menschen und Organisationen unter Beachtung marktwirtschaftlicher Grundsätze dazu zu befähigen, Kompetenzen auf diesen Gebieten zu entwickeln" (Kosch, 2019).	
Mission	„Wir haben die Aufgabe, als innovativer, nutzbringender Dienstleister wirtschaftlich erfolgreich im freien Markt Menschen und Organisationen dazu zu befähigen, Kompetenzen für Gesundheit, Lebens- und Arbeitsqualität zur Steigerung ihrer Wettbewerbsfähigkeit zu entwickeln" (Kosch, 2019).	
Grundwerte	Abgeleitete Grundwerte aus Vision und Mission: - Erfahrung - Erfolg - Gesundheit - Sicherheit	Abgeleitete Grundwerte von der Internetseite: - Engagement - Kreativität - Kompetenz - Erfolg

Die zuvor dargestellte Tabelle vier veranschaulicht die Vision, Mission und Grundwerte von zwei ausgewählten Unternehmen innerhalb von Rostock. Bei der Betrachtung der vorhandenen BGM-Dienstleister und Coaching Unternehmen, wurde schnell deutlich, dass sehr wenige Unternehmen eine Vision, Mission sowie Grundwerte auf Ihrer Internetseite darstellen. Größere Unternehmen mit mehreren Standorten, wie zum Beispiel *B·A·D Gesundheitsvorsorge und Sicherheitstechnik GmbH* verfügen online über eine Vision und Mission. Die Vision und Mission der *B·A·D GmbH* beziehen sich im Vergleich zum eigenen BGM-Dienstleister hauptsächlich auf die Gesundheit und Sicherheit der Mitarbeiter und Führungskräfte (Kosch, 2019). Das kleinere Unternehmen *dk – Doris Kleinfeldt Beratung & Coaching* stellt auf der Internetseite keine Vision und Mission darf. Jedoch erkennt man einzelne Grundwerte durch die Beschreibungen. Hier ist zu erkennen, dass dieses Unternehmen eher den Fokus auf die Weiterentwicklung (Einzel-coaching zur Karriereplanung, Führungskräfte und Mitarbeiter auf berufliche Herausfor-derungen vorbereiten, Kommunikation im Bereich Konflikte und Mitarbeitergespräche) legt. Jedoch wird in dem Unternehmen ebenso der Gesundheitsfaktor nicht außer Acht gelassen. Hier finden Coachings in den Bereichen Selbst- und Stressmanagement sowie Burnout-Prävention statt (Kleinfeldt, 2018). Abschließend ist zu sagen, dass beide Unter-nehmen Gemeinsamkeiten mit dem eigenen Unternehmen aufweisen. Jedoch greift die *B·A·D GmbH* die physische Gesundheit der Mitarbeiter nicht explizit mit auf und stellt somit den größten Unterschied dar.

3 Phase der strategischen Analyse und Prognose

3.1 Branchenstrukturanalyse

Porters Five-Forces-Modell beinhaltet fünf Elemente, welche die Intensität des Wettbe-werbs und die damit einhergehende Rentabilität eines Unternehmens definieren. Desto stärker die Elemente „Potenzielle Mitbewerber", „Verhandlungsstärke der Kunden", „Be-drohung durch Ersatzprodukte", „Verhandlungsstärke der Lieferanten" und „Rivalität mit bestehenden Mitbewerbern" ausgeprägt sind, desto schwieriger ist es, dem Wettbewerb stand zu halten (Porter, 2000, S. 29).

Potenzielle Mitbewerber:
Die Eintrittsbarrieren für neue Mitbewerber sind eher niedrig. Ein hoher Kapitalbedarf ist nicht unbedingt notwendig. Jedoch muss zum einen kompetentes Personal herangezogen werden und zum anderen muss das Thema BGM sensibilisiert werden, um den Bedarf zu wecken. Das Marktpotenzial für BGM-Dienstleister ist nicht ausgeschöpft, denn gerade mal in circa 30 Prozent der Betriebe in Deutschland findet BGM statt (Schirrmacher, 2017, S. 34). Somit besteht kein großer Schutz vor potenziellen Mitbewerbern.

Verhandlungsstärke der Kunden:
Die Verhandlungsstärke der Kunden steigt, sobald das Produkt beziehungsweise die Dienstleistung ersetzt werden kann oder wenn ein Überangebot besteht und der Kunde viele Auswahlmöglichkeiten hat. Da es derzeit noch nicht viele BGM-Dienstleister gibt

und vor allem nicht solche, die sowohl die Gesundheit als auch die Unternehmensentwicklung in Ihren Konzepten mit berücksichtigen, besteht hier eine sehr niedrige Verhandlungsstärke seitens des Kunden.

Bedrohung durch Ersatzprodukt:

Direkte Ersatzprodukte, die alle Anforderungen an einen BGM-Dienstleister ersetzten können, gibt es nicht. Jedoch können einzelne Weiterbildungskurse (zum Beispiel über die Deutsche Industrie- und Handelskammer) gebucht und/oder eine Betriebssportgruppe gegründet werden. Diese Alternativen stellen jedoch kein direktes Ersatzprodukt dar und somit besteht hier keine hohe Bedrohung.

Verhandlungsstärke der Lieferanten:

Die Verhandlungsstärke der Lieferanten ist nicht besonders hoch. Bei dem eigenen BGM-Dienstleister sind keine direkten Lieferanten vorhanden, sondern eher Kooperationspartner. Diese Kooperationspartner sind zum Beispiel Fitnessstudios, Fitnesstrainer, Physiopraxen und Ernährungsberater. Im Jahre 2018 gibt es in Deutschland mehr als 9.300 Fitnessanlagen (DSSV; Deloitte; Deutsche Hochschule für Prävention und Gesundheitsmanagement, 2019). Dies bedeutete, dass der Marktanteil der Fitnessstudios sehr gut gedeckt ist und wir als BGM-Dienstleister somit eine große Auswahlmöglichkeit haben, mit welchen Unternehmen eine Kooperation zustanden kommen soll. Der Wettbewerb unter den Fitnessanbietern ist somit sehr hoch und um diesen Wettbewerb stand halten zu können, bedarf es einer Angebotsanpassung wie zum Beispiel die Entwicklung beziehungsweise Umsetzung neuer Fitness- und Gesundheitsformate für bestimmte Zielgruppen. Durch die hohe Anzahl an potenziellen Kooperationspartnern besteht somit eine niedrige Verhandlungsstärke seitens der Lieferanten.

Rivalität mit bestehenden Mitbewerbern:

Die Rivalität mit bestehenden Mitbewerbern in der Umgebung ist nicht besonders hoch. Es bestehen zwar einige Mitbewerber, jedoch decken diese nicht alle Leistungen des eigenen BGM-Dienstleisters ab.

3.2 SWOT-Analyse

„Eine SWOT-Analyse ist ein strategisches Instrument, mit einem analytischen Part und mit einem kreativen. Ziel der SWOT-Analyse ist das Erstellen einer SWOT-Matrix und die Ableitung von Strategien" (Prof. Dr. O. Schumann, persönl. Mitteilung 19.03.2019). Die Tabelle fünf stellt die Umwelt- und Unternehmensanalyse der SWOT-Analyse dar.

Tab. 5: SWOT-Analyse (eigene Darstellung).

SWOT-Analyse	...	Risiken (Threats):
Chancen (Opportunities): - Kostenreduzierung durch gesunde und zufriedene Mitarbeiter: → Senkung der Arbeitsunfähigkeitstagen, um circa 35 bis 40 Prozent und eine einhergehende Senkung der Kosten im Bezug auf die Fehlzeiten, um circa 50 Prozent (Schirrmacher, 2017, S. 41). → Senkung der Mitarbeiter Fluktuation, durch Mitarbeitermotivation und Zufriedenheit → Verbesserung der internen Kommunikation - Steigendes Renteneintrittsalter	- BGM etabliert sich in immer mehr Unternehmen. Bisher findet BGM in nur circa 30 Prozent der Betrieben statt. Somit besteht hier ein großes Potenzial auf dem Markt zu wachsen (Schirrmacher, 2017, S. 34). - Viele Unternehmen zeigen Interesse an BGM-Maßnahmen und möchten die Arbeitgeberattraktivität erhöhen, um somit einen Wettbewerbsvorteil zu erhalten (Marx, 2019).	- Großer Zuständigkeitsbereich (keine Branchenspezifizierung) - Wettbewerbsangebote - Maßnahmen werden oft nur von bereits für das Thema BGM-Maßnahmen sensibilisierten Unternehmen angenommen und gehen somit oftmals an der eigentlichen Zielgruppe vorbei
Stärken (Strength): - Flexibel - Große Vernetzung - Hohe Kompetenz (gut ausgebildetes Fachpersonal) - Hohes Entwicklungspotenzial - Standortunabhängig (geringe Kosten) - Vitale und zufriedene Mitarbeiter	S-O-Strategie	S-T-Strategie
Schwächen (Weaknesses): - Marketingstrategie (geringer Bekanntheitsgrad) - Kleines Team (zu wenig Spezialisten) - Ein Standort (geringe Bekanntheit)	W-O-Strategie	W-T-Strategie

Nachfolgend werden in den Tabellen sechs bis sieben jeweils zwei Strategien aus der Teilanalyse der SWOT-Analyse abgeleitet.

Tab. 6: Strategien der SWOT-Analyse (eigene Darstellung).

Strategieart	Strategie
S-O-Strategie	1. Durch die Standortunabhängigkeit und die große Vernetzung mit diversen Kooperationspartnern des Unternehmens können noch mehr potenzielle Kunden angesprochen werden. Somit spart das BGM-Unternehmen die Kosten für Räumlichkeiten und der potenzielle Kunde spart Zeit, in dem er nicht extra zu dem BGM-Dienstleister anreisen muss. 2. Die hohe Kompetenzfähigkeit des ausgebildeten Fachpersonals bietet den Kunden die Möglichkeit, kosten innerhalb des Unternehmens zu reduzieren, in dem zum einem die Gesundheit und zum anderen die Weiterentwicklung der Mitarbeiter und Führungskräfte geschult werden. Durch das gezielte beraten und coachen erhält das Unternehmen gesunde und zufriedene Mitarbeiter, was sich wiederum auf die Kosten des Unternehmens auswirkt. Denn gesunde und zufriedene Mitarbeiter sowie Führungskräfte bleiben dem Unternehmen länger erhalten wodurch eine Reduktion der Mitarbeiterfluktuation und entsteht.
S-T-Strategie	1. Durch die große Vernetzung mit diversen Kooperationspartnern soll das Thema „BGM-Maßnahmen" sensibilisiert werden, in dem die Kooperationspartner Werbe-mittel in dem eigenen Unternehmen auslegen, um somit potenzielle Neukunden für den BGM-Dienstleister zu gewinnen. 2. Um dem wachsenden Markt stand halten zu können erhalten die Mitarbeiter des BGM-Dienstleisters alle drei Monate ein Angebot zur Weiterentwicklung, wöchentliche Teamsitzungen und/oder Mitarbeitergesprächen sowie interne „Fit for Work" Angebote, mit verschiedenen Sport- und Entspannungsaktivitäten, welches aus den Vernetzungen der verschiedenen Branchen entstanden ist. Somit erreichen die Mitarbeiter des BGM-Dienstleisters nicht nur ei-ne hohe fachliche Kompetenz, sondern auch eine gut ausgeprägte Vitalität.
W-O-Strategie	1. Um für noch mehr Unternehmen zur Verfügung stehen zu können, eröffnet der BGM-Dienstleister in den nächsten fünf Jahren einen neuen Standort in Deutsch-land, um somit auf dem Markt zu wachsen. 2. Um gezielt die Unternehmen zu erreichen, die Interesse daran haben, ihre Arbeitgeberattraktivität zu steigen und somit einen Wettbewerbsvorteil erzielen möchten, wird der BGM-Dienstleister in den nächsten 5 Jahren jährlich auf Fachmessen präsent sein, um den Bekanntheitsgrad zu steigen.
W-T-Strategie	1. Die Sensibilisierung für BGM-Maßnahmen in Unternehmen soll durch eine imagefördernde Werbekampagne voran getrieben werden. Durch die Werbekampagne soll das Bewusstsein für BGM-Maßnahmen und deren Wichtigkeit gestärkt und der Bekanntheitsgrad des BGM-Dienstleisters steigert werden. 2. Das Unternehmen soll in den nächsten drei Jahren in jedem Bereich um mindestens einen neuen Mitarbeiter wachsen sowie eine Onlineplattform eröffnen, welche den Kunden jederzeit ein Onlinecoaching ermöglicht. Somit können mehr Kunden gleichzeitig betreut werden um den Wettbewerbsangeboten stand zu gehalten.

3.3 Zielplanung

Die vier Unternehmensziele (Aufbau des Kundenstamms, Aufbau eines Interdisziplinä-ren Teams, Expansion und Mitarbeiterzufriedenheit) des BGM-Dienstleisters sind durch-aus realistisch und gut umsetzbar. In der Umgebung befinden sich zwar einige Mitbewer-ber, jedoch können diese mit dem Angebot nicht mithalten. Dies liegt daran, dass in kei-nem Unternehmen in der Umgebung Coaching und Beratung in den Bereichen Gesund-heit der Mitarbeiter sowie der Weiterentwicklung der Mitarbeiter angeboten werden. Um die Marktpräsenz voran zu treiben müssen gezielt Marketingkonzepte umgesetzt werden, denn nur so kann das Unternehmen einen höheren Bekanntheitsgrad erreichen, was wie-derrum für die Umsetzung der Unternehmensziele notwendig ist.

4 Phase der Zielformulierung

4.1 Strategieformulierung

Auf der Unternehmensebene wird eine Wachstumsstrategie angewandt. Diese spezifiziert sich in eine Produkt-Markt-Strategie, welche wiederrum eine Produkt-/Leistungsent-wicklung beinhaltet. Durch die Kombination von zwei bestehenden Leistungen, wird ein neues Dienstleistungspaket auf den bestehenden Markt gebracht. Die Kombination be-steht aus dem Coaching und der Beratung zur Gesundheitsförderung und der Unterneh-mensentwicklung.

Auf der Geschäftsbereichsebene wird eine Wettbewerbsstrategie angewandt. Diese spe-zifiziert sich in eine Nischenstrategie, da derzeit keine Wettbewerbsanbieter mit gleich-wertigen Leistungsspektrum am Markt vorhanden sind. Der Markt kann deshalb als Ni-sche definiert werden, da nur eine begrenzte Anzahl an Unternehmen in Deutschland BGM-Maßnahmen für ihre Mitarbeiter anbieten. Jedoch steigt das Interesse der Unter-nehmen, was dazu führt, dass ein großes Marktpotenzial besteht (Schirrmacher, 2017, S. 34).

4.2 Blue Ocean-Strategie

Seit einigen Jahren steigt der Trend zur Digitalisierung. Daher möchte der BGM-Dienstleister sein Angebot erweitern und eine Webseite mit einer dazugehörigen App entwickeln, in der die Kunden des Dienstleistern alle bereits gebuchten Dienstleistungen im Bereich des Coachings und der Beratung abrufen können. Zudem steht zu jedem Bereich innerhalb der Personalweiterentwicklung ein Online-Coaching zur Verfügung mit verschiedenen Tests, Konzepten, Übungen und Onlineseminare. Innerhalb des Bereichs der Gesundheitsförderung können zum einen die körperlichen Aktivitäten und zum anderen die tägliche Zufuhr der Lebensmittel getrackt werden. Wird die „Tracking-Funktion" regelmäßig angewendet, erstellt die App automatisch geeignete Handlungsmaßnahmen in Bezug auf die Ernährung und/oder das Bewegungsverhalten. Dieses Angebot kann auch von Nicht-Kunden genutzt werden, in dem diese nur die gewünschte Leistung auswählen und buchen. Dadurch muss sich niemand an den BGM-Dienstleister binden und kann seine gewünschten Leistungen jederzeit selbst kontrollieren. Hier könnte zukünftig, auf Grundlage der Tracking Daten, Kooperationen mit diversen Essenslieferanten, welche den Fokus auf gesunde Ernährung legen, geschlossen werden. Innerhalb der Stadt Rostock handelt es sich um eine „Blue Ocean-Strategie", denn ein solches Geschäftsmodell ist hier noch nicht bekannt. In Bezug auf die Digitalisierung könnte man behaupten, dass es eine solche Art von App und Webseite bereits auf dem Markt vorhanden ist. Jedoch wird mit dieser App und Webseite eine Nische gedeckt, denn in so einem Umfang bietet noch kein BGM-Dienstleister eine Digitalisierung an.

5 Personalmanagement

5.1 Führungsverhalten

Generell sollte eine Führungskraft die Fähigkeiten zur Förderung der Mitarbeiter, zum Delegationsvermögen, sowie zum unternehmerischen Denken mitbringen. Die Auswahl des Führungsverhaltens sollte sich an die Gegebenheiten des Unternehmens, sowie an die Bedürfnisse der Mitarbeiter orientieren. In Bezug auf den BGM-Dienstleister wird eine Führungskraft, die die Mitarbeiter langfristig beruflich und menschlich weiterbildet, erwartet. Daher eignet sich der Einsatz eines coachenden Führungsstils, denn dieser bereitet die Mitarbeiter auf die Zukunft vor (Goleman, 2000, S. 10).

5.2 Recruiting

Es besteht zum einen die Möglichkeit die Mitarbeiter über eine interne Personalbeschaffung und zum anderen über eine externe Personalbeschaffung heranzuziehen. Durch die Bewertung der Personalbeschaffung nach Horsch (2000, S. 58; zitiert nach Klimecki & Gmür, 2001, S. 163) wird schnell deutlich, dass sich die externe Personalbeschaffung für den BGM-Dienstleister noch nicht lohnt. Der BGM-Dienstleister ist aktuell noch ein kleines Unternehmen und bei einer externen Personalbeschaffung würde der finanzielle Aufwand zu hoch sein. Daher schaltet das Human Resource Management des BGM-Dienstleisters Stellenbeschreibungen auf Jobbörsen und tätigt Personenrecherchen innerhalb Recruiting-Börsen. Mit Hilfe dieser Methoden, kann das Unternehmen sich die potenziellen Mitarbeiter ohne Umwege, nach ihren Qualifikationsanforderungen aussuchen.

Anschließend findet ein kurzes Telefoninterview statt, um dem Bewerber einen kurzen Einblick über das Unternehmen zu verschaffen und so einen ersten Eindruck über den Bewerber zu gewinnen. Sofern beide Parteien mit der vorherigen Situation zufrieden waren und die Rahmenbedingungen übereinstimmen, findet ein persönliches Bewerbungsgespräch statt. Dieses Gespräch findet in der Regel in einem Gruppenvorstellungsgespräch statt, um ähnlich wie bei einem Assessment-Center, einzelne Bewerber im direkten Vergleich einschätzen zu können. Innerhalb des Gruppenvorstellungsgesprächs werden die Bewerber aufgefordert eine kurze fünf minütige Selbstpräsentation zu halten, um zum einen mehr über das Selbstbild des Bewerbers zu erfahren und zum anderen die Organisationsfähigkeit einschätzen zu können. Ebenfalls werden Postkorbübungen zur Priorisierung von Szenarien eingesetzt, um das Organisationsgeschick, die Handlungsorientierung sowie das unternehmerische Denken einschätzen zu können. Um die Fachkenntnisse und Sozialkompetenzen der Bewerber zu testen, finden Rollenspiele zur Simulation eines Gesprächs oder Konflikts statt (Ridder, 2015, S. 110-112). Sollten mehrere Bewerber bei dem Gruppenvorstellungsgespräch gut abschneiden, werden diese zu einem Probearbeiten eingeladen, indem diese nicht nur die Führungskräfte, sondern auch die restlichen Mitarbeiter von ihrem Verhaltensprofil und dem fachlichen Wissen überzeugen können.

6 Literaturverzeichnis

DSSV; Deloitte; Deutsche Hochschule für Prävention und Gesundheitsmanagement (2019). Anzahl der Anlagen in der Fitnessbranche in Deutschland von 2008 bis 2018. Zitiert nach de.statista.com. Letzter Zugriff am: 29.03.2019. Verfügbar unter: https://de.statista.com/statistik/daten/studie/6231/umfrage/anzahl-der-anlagen-in-der-fitness-branche/

GfK GeoMarketing GmbH (2018). Statistische Nachrichten: Kaufkraft in Rostock 2018, Hanse- und Universitätsstadt Rostock, Hauptamt, Kommunale Statistikstelle. Letzter Zugriff am: 29.03.2019. Verfügbar unter: https://rathaus.rostock.de/sixcms/media.php/rostock_01.a.396.de/datei/HRO%20Kaufkraft%202018.pdf

Goleman, D. (2000). Leadership that gets results. Harvard business review, 78(2), 4-17. Letzter Zugriff am: 27.04.2019. Verfügbar unter: https://s3.amazonaws.com/academia.edu.documents/33585213/HBR_MustReads_Managing_People.pdf?AWSAccessKeyId=AKIAIWOWYYGZ2Y53UL3A&Expires=1556372672&Signature=uhHPw%2FKWOH4d0GrlIsz8mg1S9%2FQ%3D&response-content-disposition=inline%3B%20filename%3DOne_More_Time_How_Do_You_Motivate_Employ.pdf#page=4

Google (Hrsg.) (2009). Google Maps. Screenshot: Rostock.

Kleinfeldt, D. (2018). Beratung & Coaching. Letzter Zugriff am: 09.04.2019. Verfügbar unter: http://dk-karriere-coaching.de/Coaching.html

Klimecki, R., & Gmür, M. (2001). Personalmanagement: Strategien. Erfolgsbeiträge, Entwicklungsperspektiven (3., erweiterte Aufl.). Stuttgart: Lucius & Lucius.

Kosch, A. (2019). Gemeinsam in eine gesunde Zukunft. Unternehmenskultur. B·A·D Gesundheitsvorsorge und Sicherheitstechnik GmbH. Letzter Zugriff am: 09.04.2019. Verfügbar unter: https://www.bad-gmbh.de/unternehmen/unternehmenskultur/

Marx, J. (2019). Gesund im Betrieb. Aktiv gestalten. BGM - notwendig oder nicht? Letzter Zugriff am: 16.04.2019. Verfügbar unter: https://www.gesundheitimbetrieb.de/bgm-wissen/bgm-notwendig-oder-nicht/

Porter, M. E. (2000). Wettbewerbsvorteile. Spitzenleistungen erreichen und behaupten (6. Aufl.). Frankfurt: Campus-Verl.

Ridder, H. G. (2015). Personalwirtschaftslehre. Kohlhammer Verlag.

Schirrmacher, L. (2017). FIBO-Workshop 2018: "BGM-Werkzeugkasten 4.0 – Zukunft des BGM". Bundesverband Betriebliches Gesundheitsmanagement. Letzter Zugriff am: 09.04.2019. Verfügbar unter: http://bbgm.de/uploads/_bbgm/2017/03/BGM-Werkzeugkasten_Lars-Schirrmacher_FIBO-2017.pdf

Schumann, O. (2019, 19. März). Strategische Unternehmensführung I. Präsenzphasen-tage Deutsche Hochschule für Prävention und Gesundheitsmanagement. Saarbrücken.

7 Abbildungs- und Tabellenverzeichnis

7.1 Tabellenverzeichnis